CONTENTS

ayuda de IA

IA AL SERVICIO DE TODOS

Cómo utilizar la inteligencia artificial para ahorrar tiempo, dinero y mejorar su vida.

KOUADIO KONAN JOEL

IA AL SERVICIO DE TODOS
Cómo utilizar la inteligencia artificial para ahorrar tiempo, dinero y mejorar su vida.

- IA en objetos cotidianos (asistentes de voz, recomendaciones)

Capítulo 3: Mitos para deconstruir

- La IA no va a "reemplazar a todos"
- No es magia ni un robot consciente.
- Comprender las limitaciones actuales de la IA

Parte 2 – Integrar La Ia En Tu Vida Diaria

Capítulo 4: Ahorre tiempo con ChatGPT, Notion AI y otras herramientas

- Ejemplos concretos: escribir correos electrónicos, organizar proyectos.
- Optimice sus tareas de investigación y administrativas
- Creación de herramientas personalizadas

Capítulo 5: Automatizando tus tareas profesionales

- CRM automatizado, respuestas automáticas, generación de contenido
- IA y productividad personal
- Flujos de trabajo con Zapier, Make, IFTTT

Capítulo 6: IA y creatividad: escritura, dibujo, codificación y creación de vídeos

- Escribe un libro o artículos con IA
- Generar imágenes, música, vídeos.
- Asistencia de programación (GitHub Copilot, Codeium)

Parte 3: Uso de IA para generar ingresos

Capítulo 7: Creación de una empresa compatible con IA

- Encontrar una idea de negocio con la ayuda de la IA
- Investigación de mercado y posicionamiento
- Usando IA para estructurar tu oferta

Capítulo 8: Monetizando tus habilidades con IA

- Freelancer mejorado con IA (redacción, diseño, código)
- Conviértete en consultor de IA o creador de formación
- Ofrecer servicios basados en herramientas de IA

Capítulo 9: Creación de productos digitales con la ayuda de IA

- Libros electrónicos, plantillas, aplicaciones, sitios web
- Creación rápida con ayuda de IA (texto, diseño, marketing)

- Automatizar el proceso de ventas y distribución

Parte 4 – Anticiparse A Los Desafíos Y Mantenerse Relevante

Capítulo 10: El futuro del trabajo con IA

- Profesiones en transformación
- Nuevas habilidades para adquirir
- Cómo hacerse "irreemplazable" con la IA

Capítulo 11: Ética, sesgo y responsabilidades

- Problemas con datos sesgados
- La IA y la manipulación de la opinión
- Uso responsable y regulación

Capítulo 12: Entrenamiento para mantenerse en la carrera

- Recursos para aprender IA (gratuitos y de pago)
- Autoformación con IA
- Crea una rutina de aprendizaje continua

Conclusión: Actúe ahora y construya con IA

- El momento adecuado es ahora
- Pequeños pasos, grandes resultados

· La IA como aliada, no como amenaza

PREFACIO

Cuando la inteligencia artificial apareció en los titulares, muchos la vieron como una amenaza: el fin del trabajo, máquinas que piensan por nosotros, un mundo deshumanizado... ¿Pero qué pasaría si miráramos las cosas de otra manera? ¿Qué pasaría si, en lugar de temer a la IA, aprendiéramos a conocerla, a domarla, a **convertirla en una aliada en la construcción de un futuro más inteligente, más creativo y más libre** ?

Este libro nació de una simple convicción: **la IA no está reservada a los ingenieros ni a las grandes empresas** . Está ahí, accesible, a veces incluso ya instalado en tu smartphone o en tu ordenador, listo para apoyarte en tus proyectos, tus ideas, tu vida cotidiana. La verdadera pregunta ya no es "¿Cuándo cambiará la IA el mundo?" —Ya lo es. La verdadera pregunta es: **"¿Cómo vas a disfrutarlo?"**

A través de estos capítulos descubrirás cómo **aprovechar la IA para ahorrar tiempo, automatizar, crear, emprender, aprender** y sobre todo, innovar. Ya sea usted empleado, autónomo, estudiante, artista o emprendedor, este libro es una guía concreta, accesible y práctica para **poner la inteligencia artificial al servicio de su éxito** .

Este no es un manual técnico. Es una caja de herramientas. Un detonante de ideas. Una fuente de inspiración.

Toma lo que te guste, prueba lo que te intriga, adapta todo a tu realidad. Lo importante no es saberlo todo sino empezar. Porque en esta revolución, **los que avancen paso a paso, con curiosidad y audacia, serán los que lleguen más lejos** .

Bienvenido a un nuevo mundo. Un mundo donde **la inteligencia humana se multiplica por diez gracias a la inteligencia artificial.**

Feliz lectura…y sobre todo, feliz hacer.

Introducción: Por Qué La Ia Es Esencial

Hay momentos en la historia en que una innovación cambia radicalmente la forma en que vivimos, trabajamos e interactuamos con el mundo. Electricidad. La imprenta. Internet. Hoy en día, la inteligencia artificial (IA) marca un cambio similar, si no más profundo. Lo que parecía reservado a la ciencia ficción se convierte en una realidad accesible a todos, a sólo un clic de distancia.

La IA ya no es una tecnología reservada a los gigantes de Silicon Valley. Se invita a nuestros teléfonos, a nuestros hogares, a nuestras oficinas. Escribe textos, crea imágenes, compone música, propone ideas de negocio, anticipa nuestras necesidades, resuelve problemas complejos. Y sobre todo: **democratiza el poder intelectual.**

Mientras algunos lo temen como una amenaza al empleo o una máquina fuera de control, otros lo ven como una oportunidad sin precedentes para automatizar, crear y liberar su potencial. Este libro es para usted, ya sea que sea curioso, escéptico, entusiasta o esté abrumado por la rápida evolución de esta tecnología.

El objetivo aquí no es ahogarte en detalles técnicos ni profetizar un futuro distópico. De lo contrario. Este libro es una **guía práctica y accesible** para mostrarte **cómo aprovechar la IA ahora mismo** , ya seas emprendedor, estudiante, empleado, freelancer o simplemente quieras ahorrar tiempo y vivir mejor.

En los próximos capítulos descubrirás:

- Cómo funciona la IA, sin jerga
- ¿Qué herramientas pueden transformar tu vida diaria a partir de hoy?
- Cómo generar ingresos o iniciar un negocio usando IA
- Cómo mantenerse actualizado en un mundo que cambia a una velocidad vertiginosa

Este no es un libro para codificadores, expertos o investigadores en aprendizaje automático. Este es un libro para **ti** , con consejos concretos , ejemplos de la vida real y una visión clara: **la IA no reemplaza a los humanos: aumenta a quienes saben cómo usarla.**

CAPÍTULO 1: ¿QUÉ ES REALMENTE LA IA?

Antes de aprender a utilizar la inteligencia artificial en tu vida diaria, es esencial entender qué es realmente. La IA no es una caja negra mágica. Tampoco es un robot humanoide dispuesto a apoderarse del mundo. Es mucho más sencillo -y mucho más poderoso- que eso.

1. Una Definición Sencilla De Inteligencia Artificial

La inteligencia artificial (IA), en pocas palabras, es la capacidad de una máquina o software de **imitar ciertas funciones de la inteligencia humana** . Estas funciones pueden incluir:

- Comprensión del lenguaje (como hablar contigo a través de ChatGPT),
- Reconocimiento de imágenes,
- Toma de decisiones,
- Resolución de problemas,

· Aprendiendo de los datos.

Lo que distingue a la IA de los programas informáticos simples es su **capacidad de adaptación** . Una IA no es fija: puede aprender, mejorar y refinar sus respuestas. Por ejemplo, si le muestras miles de imágenes de gatos y perros, acabará diferenciando entre ambos, ¡a veces mejor que un humano!

2. Ia Débil, Ia Fuerte E Ia Generativa: Comprender Los Tipos

Hay varias categorías de inteligencia artificial. A continuación se enumeran los principales:

IA débil (o estrecha)

Esta es la IA que utilizamos hoy en día. Está **diseñado para realizar una tarea específica** : recomendar un vídeo en YouTube, corregir tu ortografía, traducir un texto o ayudarte a escribir un correo electrónico. Ella es buena en lo que hace, pero **no tiene conciencia ni inteligencia**

general .

IA fuerte (o general)

Esta es la IA del futuro: una que **poseería una inteligencia equivalente o superior a la de los humanos** , capaz de razonar, comprender y adaptarse a cualquier contexto. Por ahora, todavía no existe realmente. Este es un tema de investigación y debate.

IA generativa

Es la IA más popular hoy en día. Genera **contenido** : texto, imágenes, música, vídeo, código, etc. Herramientas como ChatGPT, Midjourney, DALL·E, Sora y GitHub Copilot son ejemplos. La IA generativa funciona analizando grandes cantidades de datos existentes para crear algo nuevo, adhiriéndose a un determinado estilo, tono o propósito.

3. *Cómo Aprende La Ia: El Corazón Del Proceso*

Para aprender, una IA se basa en lo que se

denomina aprendizaje **automático** . Es un proceso en el que la IA **analiza grandes datos** , detecta patrones y luego utiliza esos patrones para predecir, clasificar o generar algo nuevo.

Tomemos un ejemplo:

- Le muestra a una IA miles de correos electrónicos: algunos son spam, otros no.
- La IA aprende características comunes del spam: palabras clave, estructura, frecuencia.
- Entonces, es capaz de **reconocer un nuevo correo electrónico sospechoso** , sin haberlo visto nunca antes.

Es la **misma lógica** que se utiliza para generar textos, recomendar una película o incluso detectar una enfermedad en una radiografía.

4. La Ia No Piensa, Calcula

Éste es un punto fundamental. La IA **no tiene conciencia, emoción ni voluntad** . Ella no piensa como nosotros. Ella no "entiende" en el sentido humano de la palabra. Analiza datos, reconoce patrones, aplica modelos estadísticos.

Cuando le haces una pregunta, no sabe si lo que dice es verdadero o falso: te da la **respuesta estadísticamente más probable** , basándose en lo que ha aprendido.

Esto es lo que hace que la IA sea fascinante... y peligrosa si se le da demasiado poder sin supervisión.

5. ¿Por Qué Ahora?

La IA ha existido durante décadas. Pero tres elementos principales han desencadenado recientemente una **aceleración espectacular** :

- Potencia de cálculo (ordenadores más rápidos y más baratos),
- La explosión de datos (producimos miles de millones de datos cada día),
- Mejorar los algoritmos (más eficientes, más precisos).

Estos avances han permitido el nacimiento de IA muy avanzadas como ChatGPT o DALL·E, que **son accesibles**

al público general , a menudo de forma gratuita o a un coste muy bajo. Hoy en día, cualquiera puede usar IA para crear, vender, automatizar o aprender, sin necesidad de ser ingeniero o programador.

Conclusión del capítulo:

La IA no es una amenaza lejana ni una ciencia esotérica. Ya está aquí, integrado en nuestras vidas. Entender qué es, cómo funciona y qué puede hacer por usted es **el primer paso para usarlo de manera inteligente y beneficiosa** .

CAPÍTULO 2: TIPOS DE IA
Y SUS USOS ACTUALES

La inteligencia artificial a menudo se percibe como una tecnología única. Sin embargo, se divide en varios tipos, cada uno con sus particularidades, fortalezas y áreas de aplicación. Para comprender mejor cómo puedes utilizar la IA en tu vida o actividad profesional, es fundamental distinguir entre **las principales familias de IA** y descubrir **cómo están ya presentes a tu alrededor.**

1. Ia Generativa: La Estrella Del Momento

Desde finales de 2022, la IA generativa literalmente ha explotado. Ella es quien está detrás de herramientas como:

- **ChatGPT** (texto),
- **DALL·E, Midjourney, Leonardo AI** (imágenes),
- **Sora, Runway, Pika Labs** (vídeo),

- **Soundraw, Suno, Aiva** (música),
- **GitHub Copilot, Codeium** (código).

¿Qué está haciendo ella?

La IA generativa es capaz de **crear contenido original** a partir de una simple instrucción en lenguaje natural. Le dices: *"Crea un logotipo de estilo vintage para una marca de café orgánico"* y ella lo hace.

O bien:

"Escribe una entrada de blog sobre los beneficios del deporte para los adolescentes" ; lo está haciendo.

¿Por qué es poderoso?

Porque ofrece a todos, incluso sin conocimientos técnicos, el poder de **producir rápidamente textos, imágenes, vídeos, código o música** .

Es una revolución para autónomos, creadores, emprendedores y empresas.

2. Ia Analítica: Inteligencia De Datos

Es una IA que analiza, clasifica, predice, segmenta. Ella ha estado presente por mucho tiempo, pero sus habilidades han mejorado mucho. Se puede encontrar en:

- **Algoritmos de recomendación** (Netflix, Spotify, Amazon),
- Previsiones **meteorológicas** o bursátiles ,
- Detección **de fraude bancario** ,
- **Análisis del comportamiento del cliente** (marketing digital, CRM),
- **Salud predictiva** (diagnóstico médico asistido por IA).

Qué hace concretamente:

- Analiza **cantidades masivas de datos** para derivar patrones,
- Predice tendencias, comportamientos o anomalías ,
- Segmenta una audiencia, optimiza campañas , detecta señales débiles.

Es lo que impulsa los motores de toma de decisiones de las grandes empresas, pero también de muchas pymes y startups hoy en día.

3. Ia Conversacional: Hablar Con Las Máquinas

La IA conversacional está diseñada para

interactuar con los humanos a través del lenguaje . ChatGPT es un ejemplo común, pero también se encuentra en:

- EL **asistentes de voz** (Siri, Alexa, Google Assistant),
- EL **chatbots de atención al cliente** (sitios web, mensajería),
- EL **herramientas de asistencia virtual** (Notion AI, Jasper, Claude, Gemini).

Usos del hormigón:

- Responder a los clientes 24 horas al día, 7 días a la semana,
- Ayudar a los empleados a encontrar respuestas internas,
- Gestionar tareas como programación de citas, preguntas frecuentes y documentación.

La IA conversacional es un activo poderoso para **automatizar la comunicación** , mejorar la experiencia del usuario y **ahorrar tiempo considerable** en los intercambios diarios.

4. Ia Integrada: Invisible Pero Omnipresente

A menudo lo olvidamos, pero la IA

también está presente en los objetos cotidianos:

- **Teléfonos inteligentes** (reconocimiento facial, clasificación de fotografías, asistente de voz),
- **Coches conectados** (asistencia a la conducción, GPS inteligente, mantenimiento predictivo),
- **Relojes inteligentes** (análisis del sueño, frecuencia cardíaca, coaching de salud),
- **Electrodomésticos inteligentes** (refrigeradores, procesadores de alimentos, termostatos).

Característica especial:

Esta IA está **integrada en objetos físicos** . A menudo es especializado, discreto, pero **hace que los objetos sean más útiles, más inteligentes, más adaptables** .

5. Ia En Educación, Salud Y Finanzas

La IA también ha invadido sectores clave:
En educación:

- Personalización de los cursos según el nivel del alumno,
- Corrección automática y análisis de brechas,
- Generación de ejercicios o materiales educativos.

En salud:

- Asistencia diagnóstica mediante análisis de imágenes médicas,
- Monitorizar el progreso de un paciente de forma remota,
- Investigación farmacéutica acelerada.

En finanzas:

- Detección de conductas sospechosas (fraude, blanqueo de capitales),
- Análisis predictivo del mercado,
- Optimización de cartera y trading algorítmico.

Conclusión del capítulo:

La inteligencia artificial no es una tecnología única. Adopta diversas formas y afecta **a todos los ámbitos de nuestra vida** : comunicación, creación, análisis, automatización, predicción, educación, salud, finanzas... y muchos otros.

Cuanto más comprendas sus diferentes formas, más sabrás cómo utilizarlo inteligentemente y beneficiarte de él.

CAPÍTULO 3: MITOS PARA DECONSTRUIR

La inteligencia artificial fascina tanto como asusta. Durante años ha sido objeto de películas, libros y apasionados debates. Y como suele ocurrir con las grandes innovaciones, trae consigo su cuota de **mitos, fantasías y falsas creencias** . El objetivo de este capítulo es dejar las **cosas claras** para que puedas abordar la IA con lucidez, pragmatismo... y confianza.

1. "La Ia Reemplazará A Todos Los Humanos": Falso Y Simplista

Éste es probablemente **el mito más común** . Mucha gente imagina que la IA eliminará todos los puestos de trabajo, que "nos robará el trabajo" o incluso que los humanos se volverán inútiles.

La realidad:

Sí, la IA reemplazará **algunos trabajos** .

Pero, sobre todo, transformará **la** naturaleza del trabajo:

- Automatizará tareas repetitivas, que consumen mucho tiempo y no son creativas.
- Liberará **tiempo para la innovación, la estrategia y las relaciones humanas.**
- Creará **nuevas profesiones** que aún no conocemos (ingeniero de inteligencia artificial, formador de IA, especialista en ética de IA, etc.).

No serán los humanos los que serán reemplazados, sino aquellos que no saben utilizar la IA.

2. "La Ia Es Más Inteligente Que Los Humanos": Matices

Este mito a menudo surge de demostraciones impresionantes: una IA que vence al campeón mundial de ajedrez o de Go, que escribe una novela o genera una imagen realista en pocos segundos.

La realidad:

La IA puede ser **extremadamente poderosa** ... en un **contexto muy**

específico . Pero ella no piensa, no siente nada, no entiende como un humano. Ella **realiza cálculos** .

Es **fuerte en análisis, predicción y generación de contenidos** , pero carece de sentido común, juicio moral, creatividad pura o intuición humana.

La inteligencia humana sigue siendo irreemplazable en muchas áreas: liderazgo, empatía, toma de decisiones complejas, innovación disruptiva.

3. "La Ia Es Objetiva Y Neutral": Falso

Mucha gente piensa que una máquina es "justa", "imparcial", "neutral". Pero la IA aprende **de los datos humanos** , y esos datos contienen **sesgos** , a veces inconscientes.

Ejemplos:

· Una inteligencia artificial de reclutamiento puede reproducir discriminación de género o étnica si ha sido entrenada con CV sesgados.

· Una IA de justicia puede reproducir juicios injustos si se le suministran decisiones pasadas desequilibradas.

La IA no es neutral. Ella hereda nuestros prejuicios. Por eso es siempre necesaria la vigilancia humana para supervisar y corregir sus decisiones.

4. *"Tienes Que Ser Un Científico Informático Para Entender La Ia": Falso*

Este mito es un gran obstáculo para muchos. La IA parece demasiado compleja, reservada para aquellos que saben codificar o manipular algoritmos.

La realidad:

Gracias a las herramientas actuales (como ChatGPT, Canva AI, Notion AI, etc.), **cualquiera puede empezar a utilizar IA** , sin necesidad de conocimientos técnicos:

- Un emprendedor puede automatizar su marketing,
- Un estudiante puede resumir sus cursos,
- Un artesano puede crear imágenes para sus productos.

La IA es ahora una herramienta común.
Y cuanto más lo uses, más entenderás cómo funciona.

5. "La Ia Conquistará El Mundo": Fantasía De Hollywood

Películas como *Terminator* , *Yo, Robot* o *Ella* han alimentado el imaginario colectivo: máquinas que toman el control, que se rebelan, que dominan a la humanidad.

La realidad:

Las IA actuales **no tienen voluntad propia** . No son ni conscientes, ni malvados, ni benévolos.

Estas son **herramientas** . Su poder puede usarse para el bien o para el mal: **todo depende de la intención humana** .

El verdadero peligro no es que la IA se descontrole, sino que **los humanos la utilicen sin ética, transparencia ni supervisión** .

Conclusión del capítulo:

La IA es poderosa, pero no es magia. Tiene sus fortalezas... y sus limitaciones. Al comprender lo que **no es** , desarrollas un enfoque más saludable, más estratégico y más lúcido.

No es la tecnología lo que deberíamos temer, sino la ignorancia.

CAPÍTULO 4: AHORRE TIEMPO CON CHATGPT, NOTION AI Y OTRAS HERRAMIENTAS

La inteligencia artificial no es sólo ciencia ficción o algoritmos complejos reservados para ingenieros. También es — y sobre todo— **un ahorro considerable de tiempo en tu vida diaria** , tanto personal como profesional.

En este capítulo, descubrirá **cómo herramientas como ChatGPT, Notion AI o incluso extensiones basadas en IA pueden ahorrarle varias horas por semana** .

1. Escribe Más Rápido Con Chatgpt, Notion Ai Y Otros Asistentes

Cómo escribir correos electrónicos profesionales

¿Tienes problemas para formular tus correos electrónicos? ¿Pasas demasiado tiempo releyendo, reformulando o corrigiendo? A continuación se muestran algunos ejemplos de lo que la IA puede hacer por usted:

- **Correo electrónico de seguimiento del cliente** :
  "¿Puede escribirme un correo electrónico de seguimiento cortés a un cliente que no ha respondido a mi propuesta enviada hace 10 días?"
- **Solicitud de cita** :
  "Escribe un correo electrónico profesional para proponer una cita telefónica con un socio la próxima semana".
- **Respuesta rápida a una queja** :
  "Proporciona una respuesta cortés a un cliente insatisfecho luego de un retraso en la entrega".

Resultado: correos electrónicos claros, profesionales, bien redactados... escritos en tan solo unos segundos.

Creación de contenido

- Artículos de blog,
- Publicaciones de LinkedIn o Instagram,
- Descripciones de productos para comercio electrónico,
- Páginas de ventas.

Con unos pocos consejos, ChatGPT o

Notion AI pueden generar texto de calidad, que luego simplemente tendrás que personalizar.

Herramientas útiles:

- **ChatGPT (OpenAI)** : el más popular.
- **Notion AI** : perfecto para aquellos que ya utilizan Notion como su espacio de trabajo.
- **Jasper** o **Writesonic** : orientado al marketing.
- **Grammarly** : para mejorar la gramática y el estilo.

2. Organiza Tus Ideas, Proyectos Y Prioridades

Planificar un proyecto

¿Tienes un proyecto en mente pero no sabes por dónde empezar?

Pregúntale a ChatGPT:

"Ayúdame a estructurar un plan de acción para lanzar una tienda en línea en 3 meses".

Obtendrás:

- Una lista de pasos,
- Un orden lógico,
- Sugerencias de recursos o herramientas.

Organizar una reunión

Notion AI puede generar:

- Una agenda clara,
- Un informe estructurado basado en tus notas,
- Una tabla que rastrea las tareas asignadas a cada participante.

Administra tu tiempo

- Crear una lista de tareas pendientes lista diaria o semanal con prioridades,
- Recibe recordatorios o sugerencias para optimizar tu agenda,
- Automatiza la organización de tus tareas recurrentes con **Zapier** o **Make (ex-Integromat)**.

3. Optimice Sus Tareas De Investigación Y Administración

Busque de manera más eficiente

En lugar de pasar horas en Google, ChatGPT puede:

- Resumir artículos o informes largos,
- Comparar dos software o dos ofertas,
- Sintetizar reseñas o estudios de clientes.

Ejemplo: *"¿Cuál es la diferencia entre*

Shopify y WooCommerce para crear una tienda online?"

En 30 segundos tendrás una comparación clara, equilibrada y procesable.

Gestiona tu papeleo y contabilidad

- Redactar una carta administrativa (despido, queja, certificado, etc.),
- Generar tablas inteligentes de Excel (presupuestos, facturas, seguimiento),
- Traduce automáticamente documentos profesionales,
- Cree plantillas personalizadas de cotizaciones, contratos o facturas.

4. Crea Tus Propias Herramientas Personalizadas Usando Ia

Puedes ir más allá creando tus propios asistentes, sin saber codificar:

- Un **chatbot de atención al cliente** para su sitio con **Tidio AI** o **Botpress** .
- Un **asistente de ventas** con **Chatbase** (entrena una IA en tus documentos, catálogos, servicios).
- Un **formulario inteligente** que analiza las respuestas en tiempo real.

Ejemplos concretos:

- Un entrenador virtual para tu equipo de ventas,
- Un asistente de RRHH para responder preguntas internas,
- Una sección de preguntas frecuentes interactiva en su sitio web.

Cada vez existen más herramientas "sin código" que permiten personalizar estos asistentes para su negocio sin necesidad de conocimientos técnicos.

Conclusión del capítulo:

No es necesario ser un experto en IA para beneficiarse de ella. Con las herramientas adecuadas y un enfoque práctico, **puede ahorrar entre 1 y 2 horas al día** .

Escribe más rápido, organízate mejor, automatiza lo que te ralentiza, crea herramientas que trabajen para ti: **este es el verdadero poder de la IA aplicado a la vida cotidiana.**

CAPÍTULO 5: AUTOMATIZANDO TUS TAREAS PROFESIONALES

La inteligencia artificial no sólo te ayuda; Incluso puede **encargarse de ciertas tareas por usted** . Mejor aún, al combinar IA con herramientas de automatización como Zapier, Make o IFTTT, puede crear **flujos de trabajo inteligentes** que se ejecutan de forma autónoma.

Este capítulo le muestra cómo **cambiar al modo piloto automático** , para que pueda concentrarse en lo que realmente importa.

1. Gestione Su Relación Con El Cliente Con Un Crm Automatizado

Un CRM (Customer Relationship Management) es una herramienta esencial para gestionar sus prospectos, clientes y ventas. Combinado con IA, se vuelve **mucho más inteligente** .

Qué puedes automatizar:

- **Agregue automáticamente un contacto** después de que complete un formulario o le envíe un mensaje.
- **Recordatorios automáticos por email o SMS** , personalizados según la etapa del cliente.
- **Análisis del comportamiento** : la IA puede predecir qué cliente es caliente, tibio o frío.
- **Respuestas automáticas con IA** en los chats (vía Tidio, Intercom, Chatbase ...).

Herramientas populares:

- **HubSpot + ChatGPT** : para automatizar tus secuencias de correo electrónico.
- **Zoho CRM con IA incorporada (Zia)** : para sugerencias inteligentes.
- **Pipedrive + Zapier** : para conectar tu CRM a tus correos electrónicos, formularios y redes sociales.

2. Generación Automática De Contenido Con Ia

Producir contenido lleva tiempo. La IA puede **ayudarte a crear, programar y publicar automáticamente** :

- Publicaciones de blog optimizadas para SEO,

- Boletines informativos personalizados,
- Publicaciones en LinkedIn, Facebook o Instagram,
- Scripts para vídeos de TikTok o YouTube.

¿Cómo automatizar?

- Utilice **ChatGPT, Jasper o Writesonic** para generar el contenido.
- Conéctelos a **Notion, Google Docs o WordPress** con Zapier para incrustarlos automáticamente.
- Programe publicaciones en las redes sociales a través de **Buffer o Hootsuite** .

Ejemplo de flujo de trabajo:

1. Introduces una idea de tema en Notion.
2. La IA escribe un borrador automáticamente.
3. Se publica en tu blog a través de WordPress.
4. Se genera automáticamente una publicación para tus redes sociales.

Resultado: **una semana de contenidos listos en 30 minutos.**

3. Ia Y Productividad Personal

La automatización no es sólo para las empresas. También puedes automatizar **tu vida diaria** :

- Recordatorios inteligentes en tu calendario según tus prioridades,
- Generación automática de actas de reuniones (con Notion AI o Otter.ai),
- Correos electrónicos ordenados, priorizados o respondidos automáticamente,
- Resumen de documentos o informes recibidos en un solo clic.

Consejo de IA:

Pregúntale a ChatGPT:

«Eres mi asistente personal. Resúmeme este documento y prepara una lista de verificación con su contenido».

4. Cree Flujos De Trabajo Potentes Con Zapier, Make E Ifttt

Estas plataformas permiten **conectar cientos de aplicaciones** entre sí sin escribir una línea de código. Crea escenarios automatizados (llamados " Zaps " o "Escenarios") que se activan según reglas específicas.

Ejemplos concretos:

- Cuando un cliente completa un formulario de

Google → su información se agrega a Notion + se envía un correo electrónico de bienvenida a través de Gmail.

· Cuando un artículo se publica en tu blog → se comparte automáticamente en tus redes sociales.

· Cuando se agrega un evento a Google Calendar → se crea una tarea en su aplicación de administración (por ejemplo, Todoist, Trello).

Herramientas para probar:

· **Zapier** : el más simple, muy intuitivo.

· **Make (ex-Integromat)** : más visual, perfecto para escenarios complejos.

· **IFTTT** : ideal para conectar objetos conectados, aplicaciones personales y notificaciones.

Conclusión del capítulo:

La automatización es la verdadera revolución silenciosa.

Es lo que te permite trabajar menos, mejor y de forma más inteligente. Con IA combinada con herramientas como Zapier o Make, pasas de la ejecución manual a una **estrategia optimizada** .

Menos estrés, más tiempo, más impacto.

CAPÍTULO 6: IA Y CREATIVIDAD: ESCRITURA, DIBUJO, CODIFICACIÓN Y CREACIÓN DE VÍDEOS

La inteligencia artificial no sólo consiste en automatizar tareas: también es un **auténtico catalizador de la creatividad** . Ya sea que sea escritor, diseñador, desarrollador o camarógrafo, la IA se está convirtiendo en un **cocreador capaz** de ayudarlo a producir más rápido, probar ideas y explorar nuevas formas de expresión.

En este capítulo, exploraremos cómo la IA **impulsa la creatividad** en cuatro áreas amplias: escritura, elementos visuales, código y video.

1. Escribe Un Libro O Artículos Con Ia

Planificación y estructuración

¿Tienes una idea para un libro pero no

sabes por dónde empezar? La IA puede ayudarte a:

- Estructurar los capítulos,
- Generar un resumen coherente,
- Ofrece títulos atractivos,
- Desarrollar subsecciones.

Ejemplo :

Pregunta a ChatGPT:

«Ayúdenme a escribir un libro sobre productividad. Proporcionen un esquema detallado con 10 capítulos y subsecciones».

Escritura asistida

- Desarrollo de ideas a partir de unas pocas líneas,
- Redacción de contenidos extensos (libros electrónicos, artículos de blogs),
- Reescribiendo, reformulando y mejorando el estilo,
- Corrección gramatical y tono adaptado a la audiencia.

Herramientas a utilizar:

- **ChatGPT** : redacción, estilo, correcciones,
- **Notion AI** : toma de notas inteligente, estructuración,
- **Jasper AI** : artículos de blog, contenido de marketing,

- **Sudowrite** : Para escritores de ficción.

2. Genera Imágenes, Música Y Vídeos Con Ia

Crear imágenes a partir de texto

Con herramientas como **DALL·E** , **Midjourney** o **Stable Diffusion** , puedes convertir una descripción simple en una imagen:

- Ilustraciones para libros o artículos,
- Logotipos o elementos de marca,
- Escenas visuales para proyectos creativos.

Ejemplo de mensaje :

"Una ciudad futurista al atardecer, al estilo ciberpunk, con coches voladores".

Componer la música

Las IA como **Soundraw** , **AIVA** o **Ecrett Music** te permiten:

- Crea música libre de regalías,
- Generar atmósferas sonoras según un estilo o una emoción,
- Produce bandas sonoras para vídeos, juegos o podcasts.

Crea vídeos automáticamente

- **Synthesia** o **HeyGen** : crea vídeos con avatares humanos animados,
- **Pictory** o **Lumen5** : transforma artículos en videos de YouTube o TikTok,
- **Runway ML** : Edición de video inteligente, generación de clips, eliminación de objetos.

Caso práctico :

Escribes un artículo → ChatGPT lo resume → Pictory genera un vídeo a partir del texto → Soundraw crea la música → Todo está listo para publicar.

3. Asistencia De Programación Con Ia

La IA también está revolucionando el mundo de los desarrolladores. Se convierte en un **asistente de codificación inteligente** , capaz de:

- Completa automáticamente tu código,
- Sugerir correcciones o mejoras,
- Explicar bloques complejos de código,
- Generar scripts a partir de instrucciones simples.

Herramientas destacadas:

- **GitHub Copilot (de OpenAI y Microsoft)** : ofrece líneas de código en tiempo real,
- **Codeium** : herramienta de asistencia a la programación gratuita y potente,
- **Retiro Ghostwriter** : codificación asistida en un IDE en línea.

Ejemplos de uso:

- *"Escríbeme una función en Python para enviar un correo electrónico con un archivo adjunto".*
- *"Optimice este script JavaScript para que se cargue más rápido".*
- *"Explícame este código en un lenguaje sencillo".*

Resultado: los principiantes aprenden más rápido y los profesionales codifican de manera más eficiente.

Conclusión del capítulo:

La creatividad humana no desaparece con la IA. Se **amplifica** . Con herramientas fáciles de usar, **puedes convertir una idea en una obra tangible** : un libro, una imagen, música, un vídeo o incluso una aplicación.

La IA se convierte en tu **colaborador creativo** , siempre disponible, siempre rápido, siempre inspirador.

CAPÍTULO 7: CREACIÓN DE UNA EMPRESA COMPATIBLE CON IA

Hoy en día, iniciar un negocio ya no requiere de un gran presupuesto ni de un equipo numeroso. Gracias a la inteligencia artificial **se puede acelerar** , optimizar e incluso simplificar todo el proceso emprendedor. Este capítulo le muestra cómo utilizar la IA para encontrar una idea, analizar su mercado y crear una oferta relevante, todo con herramientas accesibles y concretas.

1. Encuentra Una Idea De Negocio Con La Ayuda De Ia

¿Quieres emprender un negocio pero no sabes por dónde empezar? La IA puede ayudarle a explorar ideas innovadoras, teniendo en cuenta las tendencias, sus habilidades y las necesidades del mercado.

Método simple con ChatGPT:

- **Indicación** :

  «*Mis habilidades son marketing digital, diseño y redacción. ¿Podrías sugerirme 10 ideas de negocios online rentables y viables con una pequeña inversión inicial?*»

- **Resultado** :

  La IA le ofrece ideas específicas como:

  - Creación de una agencia de branding con IA,
  - Venta de plantillas personalizadas,
  - Coaching digital basado en herramientas de IA.

Otras herramientas útiles:

- **Temas en Explosión** : para identificar tendencias emergentes,
- **Google Trends** : para comprobar el interés en torno a un tema,
- **ChatGPT + Notion AI** : para explorar los ángulos únicos de un mercado.

2. Investigación De Mercado Y Posicionamiento Con Ia

Una vez encontrada la idea, es fundamental **validar que responda a**

una necesidad real . La IA te ayuda a analizar tu audiencia, tus competidores y encontrar el posicionamiento estratégico.

Tareas que puedes automatizar:

- Análisis de la competencia: precios, ofertas, presencia online,
- Síntesis de opiniones de clientes para identificar debilidades del mercado,
- Identificación de las palabras clave más buscadas (con **datos ChatGPT + SEO**),
- Creación de perfiles de clientes precisos.

Ejemplo de solicitud :

«Hazme un breve estudio de mercado sobre formación online para freelancers. ¿Quiénes son los competidores? ¿Cuáles son las necesidades no cubiertas?»

Herramientas para potenciar tu búsqueda:

- **ChatGPT + datos web** para sintetizar sitios,
- **SparkToro** para identificar dónde está tu audiencia,
- **AnswerThePublic** para ver lo que la gente está preguntando en Google.

3. Utilice Ia Para Estructurar

Su Oferta

Una vez que tengas una idea clara y validada, necesitas construir una **oferta coherente, atractiva y bien posicionada** . Una vez más, la IA es un socio formidable.

Qué puedes hacer con la IA:

- Estructurar un embudo de ventas completo (lead magnet , oferta, upsell),
- Escribe tu página de ventas y correos electrónicos de marketing,
- Define tus paquetes, precios, garantías, bonos,
- Crear maquetas o prototipos de productos.

Ejemplo de flujo de trabajo:

1. Describe tu producto a ChatGPT.
2. Le ofrece una estructura de oferta de 3 niveles (starter, pro, premium).
3. Genera una página de ventas, una sección de preguntas frecuentes y ejemplos de objeciones de clientes con sus respuestas.
4. Validas y empiezas a promocionar.

Herramientas para integrar:

- **ChatGPT** : estrategia, redacción, precios,
- **Concepto de IA** : estructuración de la oferta y calendario de lanzamiento,
- **Canva + AI** : para crear elementos visuales para

presentar tus ofertas.

Conclusión del capítulo:

Crear una empresa "compatible con IA" no se trata solo de utilizar herramientas tecnológicas. Se trata de **adoptar una mentalidad ágil, estratégica y orientada a la eficiencia** . La inteligencia artificial te permite moverte más rápido, tomar mejores decisiones y minimizar riesgos.

Ya no necesitas ser un experto para construir una empresa inteligente: **solo necesitas que la IA sea tu aliada.**

CAPÍTULO 8: MONETIZANDO TUS HABILIDADES CON IA

Vivimos en una era en la que todos pueden convertir sus talentos en fuentes de ingresos, especialmente con la ayuda de la inteligencia artificial. Ya sea que sea un profesional independiente, un formador o simplemente un apasionado de un campo, la IA le permite ir más rápido, producir mejor y **vender sus habilidades a mayor escala** . Este capítulo explora cómo convertirse en un **profesional independiente aumentado** , un **consultor de IA** o un **proveedor de servicios de IA** .

1. El Freelancer Potenciado Por Ia

Los autónomos que adoptan la IA pueden producir **más, mejor y más rápido** . Entregan proyectos con un mayor nivel de calidad, al tiempo que reducen su tiempo de trabajo.

Áreas clave impulsadas por la IA:

- **Redacción de textos publicitarios** :
  - Escritura de contenido optimizado con ChatGPT, Jasper, Copy.ai.
  - Creación rápida de páginas de ventas, publicaciones en redes sociales, guiones de video.
- **Diseño gráfico** :
  - Genere elementos visuales con Midjourney, DALL·E o Canva AI.
  - Cree logotipos, pancartas o maquetas profesionales en minutos.
- **Desarrollo web y código** :
  - Asistencia de programación con GitHub Copilot, Codeium o Replit .
  - Genere sitios web sin código con Framer, Webflow o sitios sostenibles con la ayuda de IA.

Ejemplo :

Un redactor freelance puede pasar de 2 artículos/día a 6 sin sacrificar la calidad, gracias a la IA. Esto aumenta sus ingresos y al mismo tiempo reduce su estrés.

2. Conviértete En Consultor De

Ia O Creador De Formación

Si entiendes cómo funcionan las herramientas de IA y puedes explicarlas con claridad, tienes **una oportunidad única** : convertirte en formador o consultor de IA.

Consultor de IA:

Las empresas buscan expertos para:

- Integre ChatGPT en su flujo de trabajo,
- Optimice sus tareas con Notion AI, Zapier, etc.
- Implementar estrategias de contenido automatizadas.

Puedes ofrecer:

- Auditorías,
- Formación a medida,
- Apoyo práctico.

Creador de entrenamiento de IA:

Con la explosión de la demanda, cree capacitación en IA sobre:

- Ingeniería rápida,
- El uso de herramientas para autónomos,
- Creación de contenidos con IA...

...puede hacerle ganar **importantes**

ingresos pasivos .
Plataformas de venta:

- Gumroad, Teachable, Ko-fi , Systeme.io, Udemy.

Herramientas para crear:

- ChatGPT (estructura, scripts),
- Synthesia o HeyGen (vídeos),
- Canva (diapositivas),
- Concepto (materiales del curso).

3. Ofrecer Servicios Basados En Herramientas De Ia

No es necesario desarrollar herramientas de IA para ganar dinero con IA. Puedes **vender servicios automatizados** en torno a herramientas existentes.

Ideas de servicios rentables:

- Creación de visuales para redes sociales con Midjourney + Canva,
- Generación de ebooks o guías a partir de briefings de clientes ,
- Producción de vídeos promocionales de IA para PYMES/VSE,
- Creación de embudos de ventas y páginas de

captura con ChatGPT.

Ejemplos concretos:

- *Ofrezco paquetes mensuales de contenido para Instagram (imágenes + subtítulos) generados con IA.*
- *"Creo retratos de marca con IA para entrenadores y consultores".*
- *Ofrezco un servicio automatizado de redacción de boletines informativos con ChatGPT.*

Todo esto se puede hacer a bajo coste y en poco tiempo... si tienes las herramientas adecuadas.

Conclusión del capítulo:

Gracias a la IA, **tus habilidades valen más** . Puede producir más valor en menos tiempo. Ya sea que elija convertirse en independiente, consultor o desarrollador de productos de IA, ahora puede **monetizar sus talentos de manera más inteligente** que nunca.

La IA no está aquí para reemplazar tu trabajo: está aquí para **aumentar tu rentabilidad y creatividad** .

CAPÍTULO 9: CREACIÓN DE PRODUCTOS DIGITALES CON LA AYUDA DE IA

Los productos digitales (ebooks, modelos, aplicaciones , plantillas, cursos de capacitación, etc.) representan una de las mejores oportunidades para generar ingresos pasivos hoy en día. Con inteligencia artificial, **puedes crear, lanzar y vender estos productos más rápido que nunca** , sin ser un experto en diseño, marketing o programación. En este capítulo veremos cómo utilizar la IA en cada etapa: creación, optimización y automatización.

1. Tipos De Productos Digitales Que Son Fáciles De Crear Con Ia

La IA permite el diseño de una amplia variedad de productos monetizables :

Libros electrónicos y guías prácticas

- Edición completa con ChatGPT o Jasper.
- Maquetación con Canva, Notion o Google Docs.
- Ilustraciones con Midjourney o DALL·E.

Modelos y plantillas

- Plantillas de nociones, CV, planificadores , hojas de seguimiento, plantillas de correo electrónico.
- Generado con IA o diseñado con tu experiencia y formateado con herramientas como Canva o Figma .

Aplicaciones y sitios web

- Cree aplicaciones sin código con Adalo , Glide o Bubble , con la ayuda de ChatGPT.
- Sitios web generados con Framer AI, Durable.co o Dorik .
- Asistencia de codificación con GitHub Copilot o Replit .

Otros ejemplos:

- Paquetes de indicaciones de IA a la venta,
- Cuadernos o diarios interactivos,
- Capacitaciones en vídeo y microcursos.

2. Crea Rápidamente Con La Ayuda De Ia

La IA no es sólo una herramienta de

inspiración, también es un acelerador de la producción. Puedes pasar de la idea al lanzamiento del producto en horas.

Creación de contenido:

- ChatGPT para escribir textos: capítulos de libros electrónicos, páginas de ventas, guiones de videos, descripciones de productos.
- Jasper o Writesonic para una redacción de textos de marketing eficaz.
- Concepto de IA para organizar, sintetizar y estructurar.

Diseño y elementos visuales:

- Canva para imágenes profesionales instantáneas.
- A mitad de camino, DALL·E para generar imágenes únicas.
- Figma + AI para una UI/UX rápida de un sitio web o aplicación.

Ejemplo de flujo de trabajo para un libro electrónico:

1. ChatGPT te ayuda a estructurar capítulos.
2. Genera los textos para cada sección.
3. Tu maquetación con Canva.
4. Midjourney genera la cobertura.
5. Vende en Gumroad, Payhip o tu propio sitio.

3. Automatizar El Proceso De Ventas Y Distribución

El paso crucial después de la creación es **la distribución automatizada** . Con inteligencia artificial y herramientas sin código, puede vender sus productos las 24 horas del día, los 7 días de la semana, sin intervención manual.

Páginas de ventas:

- Generado con IA: títulos atractivos, narración, beneficios.
- Plataformas simples: Systeme.io, Podia, Carrd , Tilda.

Marketing por correo electrónico automatizado:

- Secuencias de correo electrónico creadas por ChatGPT.
- Herramientas: MailerLite , ConvertKit, Brevo .

Pago y entrega automatizados:

- Gumroad, Payhip, Ko-fi : todo en uno para alojar, vender y entregar.
- Posible integración con Zapier para conectar pago + CRM + newsletter.

Ejemplo :

Crea un curso de formación en IA en Notion:

- Escribes el plan y los scripts con ChatGPT.
- Haces vídeos con Pictory o Synthesia.
- Usted aloja en Systeme.io.
- ChatGPT genera una secuencia de correo electrónico de lanzamiento.
- Automatiza las ventas con Stripe + Zapier.

Conclusión del capítulo:

La inteligencia artificial ha reducido todas las barreras: **ya no es necesario un equipo entero ni un gran presupuesto para lanzar un producto digital.** Todo lo que necesitas es una idea clara, las herramientas adecuadas y un poco de creatividad.

Con las indicaciones adecuadas y una buena estrategia, **puedes convertir tus conocimientos, tu saber hacer o incluso tus ideas en fuentes de ingresos pasivos.**

CAPÍTULO 10: EL FUTURO DEL TRABAJO CON IA

La inteligencia artificial ya no es sólo una herramienta: está redefiniendo por completo la forma en que trabajamos. Transforma profesiones enteras, hace desaparecer algunas y hace surgir otras nuevas. Este capítulo explora los principales cambios profesionales en curso, las habilidades clave a desarrollar y, sobre todo, cómo **volverse irremplazable en un mundo donde la IA se está volviendo omnipresente** .

1. Profesiones En Transformación

Muchos sectores ya están experimentando cambios profundos debido a la IA. Algunos ven sus tareas automatizadas, otros se benefician de una mayor asistencia.

Empleos afectados:

- **Marketing Digital** : Automatización de contenidos, campañas y análisis de datos.
- **Periodismo y redacción** : redacción de artículos asistida por inteligencia artificial, verificación de datos automatizada.
- **RRHH y selección de personal** : clasificación automática de CV, entrevistas en vídeo analizadas por IA.
- **Desarrollo de software** : IA que genera, corrige y optimiza el código.
- **Finanzas y contabilidad** : análisis predictivo, detección de fraude, balances automatizados.
- **Diseño y creación** : creación visual acelerada, contenido generativo.

Perfiles de subida:

- Ingenieros rápidos ,
- Diseñadores de experiencias de IA,
- Consultores de transformación digital,
- Analistas de datos aumentados ,
- Propietarios de productos especializados en IA.

2. Nuevas Habilidades A Adquirir

Para seguir siendo competitivo en este nuevo mundo del trabajo, no basta con evitar la IA: hay que aprender a trabajar con ella.

Habilidades técnicas:

- **Entender cómo funciona la IA generativa** : PNL, aprendizaje automático, modelos de lenguaje.
- **Domina las herramientas de IA comunes** : ChatGPT, Midjourney, Notion AI, Copilot, Zapier, etc.
- **Ingeniería rápida** : saber dar las órdenes adecuadas a la IA para obtener resultados precisos.

Habilidades humanas mejoradas:

- **Pensamiento crítico** : saber analizar, filtrar y cuestionar las respuestas de la IA.
- **Creatividad** : Combinar IA con la intuición humana para crear proyectos únicos.
- **Ética y responsabilidad** : comprender las limitaciones y los sesgos de la IA, garantizando un uso responsable.
- **Aprendizaje continuo** : mantenerse actualizado en un entorno que cambia cada mes.

3. Cómo Hacerse "Irreemplazable" Gracias A La Ia

La mejor estrategia no es resistirse a la

IA, sino **adoptarla inteligentemente** para convertirse en un profesional único y de alto valor.

3 claves para volverse irremplazable:

- **Dominar la IA mejor que el promedio**
  → Cuanto más comprendas la herramienta, más podrás usarla como palanca. Conviértete en un experto en tu campo y en la IA que lo respalda.

- **Desarrolla una firma personal**
  → Lo que crees debe reflejar una identidad, sensibilidad o estilo humano que ninguna IA pueda replicar perfectamente.

- **Conviértete en un "conector"**
  → Combina varias habilidades (técnicas + humanas + estratégicas) para ofrecer soluciones globales. Este perfil es muy solicitado.

Ejemplo concreto:

Un coach profesional que utiliza IA para crear contenidos personalizados, automatizar el marketing, analizar datos de clientes y mantener una relación humana y empática... es **irremplazable** .

Conclusión del capítulo:

El mundo del trabajo está cambiando rápidamente. Algunas profesiones desaparecerán, es inevitable. Pero **aquellos que puedan trabajar con la IA, no contra ella, tendrán una ventaja considerable** . La IA es una oportunidad para reinventar tu carrera, ser más eficiente y destacar como nunca antes.

No estás compitiendo con la IA. Estás compitiendo con aquellos que ya saben cómo usarlo.

CAPÍTULO 11: ÉTICA, SESGO Y RESPONSABILIDADES

A medida que la inteligencia artificial se integra cada vez más en nuestra vida profesional y personal, **la cuestión de la ética se vuelve crucial** . ¿Quién es responsable de las decisiones que toma una IA? ¿Cómo podemos evitar que la IA reproduzca o amplifique las injusticias humanas? Este capítulo aborda **posibles abusos** , **problemas de transparencia** y **las mejores prácticas para el uso responsable** de la IA.

1. Problemas Con Datos Sesgados

Las IA no son "objetivas" por naturaleza: **aprenden de los datos que se les proporcionan** . Si estos datos están sesgados (como suele ocurrir), también lo estarán los resultados.

Ejemplos concretos de sesgo:

- **Reclutamiento automatizado** : la IA entrenada con datos históricos puede favorecer ciertos perfiles en detrimento de otros (género, origen, edad, etc.).
- **Reconocimiento facial** : muchos sistemas muestran una precisión mucho menor en rostros no caucásicos.
- **Herramientas de justicia predictiva** : Algunos algoritmos criminales han sido acusados de reforzar la discriminación racial.

¿Por qué existen estos sesgos?

- Datos de entrenamiento no representativos,
- Modelos que aprenden a reproducir tendencias pasadas,
- Falta de supervisión humana en decisiones clave.

¿Cómo solucionar esto?

- Diversificar los conjuntos de datos ,
- Implementar auditorías periódicas,
- Integrar a los humanos en el ciclo de toma de decisiones.

2. Ia Y Manipulación De La Opinión

Los modelos de IA generativa se pueden utilizar para manipular la opinión pública, **produciendo noticias falsas,**

deepfakes o campañas masivas de desinformación.

Ejemplos de riesgos:

- **Bots de redes sociales** : publicación automatizada de contenido polarizador.
- **Perfiles falsos de IA** : creación de identidades falsas para influir en las discusiones.
- **Contenido generado en masa** : vídeos, artículos, imágenes editados para ocultar la verdad.

Consecuencias :

- Pérdida de confianza en la información,
- Influencia en las elecciones o decisiones políticas,
- Amplificación de las divisiones sociales.

Posibles soluciones:

- Trazabilidad de contenidos generados por IA (marcas de agua , metadatos),
- Plataformas responsables: detección y moderación automática,
- Educar al público en el pensamiento crítico y el análisis de fuentes.

3. Uso Responsable Y Regulación

La IA es una herramienta poderosa. **Pero**

con el poder viene la responsabilidad. Los desarrolladores, usuarios, empresas y gobiernos deben considerar cómo utilizarlo de forma regulada, ética y beneficiosa para todos.

Principios clave para un uso ético:

- **Transparencia** : Indica cuándo el contenido es generado por IA.
- **Consentimiento** : Obtener el consentimiento antes de recopilar o analizar datos personales.
- **Responsabilidad** : Asumir la responsabilidad de las consecuencias del mal uso de una herramienta de IA.
- **Inclusión** : garantizar que la IA beneficie a todos, sin excluir a ciertas categorías.

¿Hacia una regulación internacional?

- La Unión Europea ya ha introducido la Ley de IA.
- Otros países (EE.UU., China, Canadá) están preparando marcos legislativos.
- Pero lo que está en juego es **global** : la IA no tiene fronteras.

El papel de las empresas y los creadores:

- Implementar cartas de uso interno,
- Concientizar a los equipos sobre los prejuicios y la ética.

. Definir casos de uso "seguros" y responsables.

Conclusión del capítulo:

La IA es una revolución poderosa, pero no es neutral. **Es un espejo de la humanidad**, con sus fortalezas y sus defectos. Por eso debemos utilizarlo con conciencia, transparencia y responsabilidad. El futuro de la IA depende tanto de sus capacidades técnicas como **de nuestra capacidad para gobernarla de forma ética e inclusiva.**

Capítulo 12: Entrenamiento Para Mantenerse En La Carrera

En un mundo donde la inteligencia artificial evoluciona a una velocidad vertiginosa, **quienes se adaptan más rápido ganan**. ¿La buena noticia? Nunca ha sido tan fácil aprender, adaptarse y progresar. Este capítulo te da las claves para **formarte eficazmente en IA**, incluso sin formación técnica, y para integrar el aprendizaje continuo en tu vida diaria.

1. Recursos Para Aprender Ia (Gratuitos Y De Pago)

Ya sea que se trate de comprender los conceptos básicos, dominar herramientas o profundizar en conceptos más técnicos, aquí hay una selección de los mejores recursos.

Formación gratuita:

- **Elementos de IA** (por la Universidad de Helsinki): una introducción clara, accesible para todos.
- **Google AI** : Curso de aprendizaje automático con ejercicios prácticos.
- **Fast.ai** : para aquellos que quieren avanzar más en el aprendizaje profundo.
- **Khan Academy** , **Coursera (cursos gratuitos con opción de pago)** : muy útiles para conocimientos básicos de matemáticas, estadística y programación.
- **YouTube (canales como "Two Minute Papers", "Data School " o "All About AI")**

Cursos de formación pagados recomendados:

- **OpenClassrooms** : cursos de inteligencia artificial, ciencia de datos o ingeniería rápida.
- **Udemy** : Capacitación práctica sobre Midjourney, ChatGPT, Notion AI, etc.
- **DeepLearning.AI (Andrew Ng en Coursera)** : referencia global para comprender cómo funciona la IA.
- **Le Wagon** : bootcamps intensivos en no-code, IA o datos.
- **LinkedIn Learning** : microcursos de formación orientados a los negocios y la tecnología.

Libros útiles:

- *IA: La nueva revolución* – Luc Julia
- *Arquitectos de la inteligencia* – Martin Ford
- *Compatible con los humanos* – Stuart Russell

2. Autoformación Con Ia

Una de las mayores ironías (y fortalezas) de la inteligencia artificial es que puede **ayudarte a aprender... inteligencia artificial** .

Aprenda con ChatGPT:

- Haga preguntas simples o complejas sobre conceptos de IA.
- Solicitar resúmenes de libros o artículos

científicos.

- Simule un mentor de IA que lo asesore sobre un tema específico.
- Crea cuestionarios personalizados o hojas de revisión.

Usando otras IA para autoentrenarse:

- **Notion AI** : sintetiza tus notas, crea cursos personalizados.
- **Perplexity.ai** : motor de búsqueda conversacional para explorar temas técnicos.
- **Extensiones de YouTube + IA** : resúmenes automáticos, subtítulos inteligentes, etc.

Método eficaz:

- Elija un **tema por semana** (por ejemplo, "LLMs", "Midjourney", "Zapier").
- Pídale a ChatGPT que cree un plan de entrenamiento semanal para usted.
- Practica creando un proyecto concreto relacionado con el tema.

3. Crea Una Rutina De Aprendizaje Continua

La clave no es aprender mucho a la vez, sino **un poco cada día** . Es la consistencia la que marca la diferencia a largo plazo.

Crea tu rutina de IA en 4 pasos:

1. Establezca un horario diario o semanal

- 30 minutos al día o 2 horas a la semana son suficientes para lograr un progreso rápido.

2. Mezclar teoría y práctica

- Un día de lectura, un día de prueba de herramientas, un día de proyecto.

3. Mantener un registro del progreso

- Escribe lo que aprendes, lo que pruebas, lo que recuerdas.

4. Crea un miniproyecto por mes

- Libro electrónico, automatización, video, sitio web con IA: lo que sea, pero construya algo real.

Consejo extra: entrena con otros

- Únase a grupos de Facebook, Discord o LinkedIn sobre IA.
- Intercambiar recursos, probar juntos, avanzar más rápido.

Conclusión del capítulo:

En el mundo de la inteligencia artificial, **aprender ya no es una opción, es una necesidad** . Pero la buena noticia es que las herramientas para aprender están a nuestro alcance, a menudo gratuitas y cada vez más personalizadas.

Aprender a aprender con IA ya es un paso adelante.

CONCLUSIÓN: ACTÚE AHORA Y CONSTRUYA CON IA

La inteligencia artificial ya no es un concepto lejano. Ya está aquí, en nuestras herramientas, nuestros hábitos, nuestros negocios e incluso en nuestros sueños de futuro. Algunas personas esperan hasta "entender mejor" antes de empezar. Otros piensan que la IA está reservada para ingenieros o grandes empresas. Pero **la realidad es simple: el momento adecuado para actuar es ahora.**

El Momento Adecuado Es Ahora

No es necesario ser un experto para empezar. La historia de cada transformación comienza con una toma de conciencia, seguida de una acción inicial. Cada día que esperas es un día que desperdicias. Por otro lado, **cada minuto invertido en descubrir y experimentar** con IA te acerca a una versión mejorada de ti mismo.

La IA no va a reemplazar a los humanos. **Ella reemplazará a aquellos que se nieguen a adoptarla.** Ya tienes lo esencial: curiosidad, fuerza de voluntad y, ahora, las claves.

Pequeños Pasos, Grandes Resultados

No es necesario revolucionarlo todo de la noche a la mañana. Comience por automatizar una tarea. Probar una herramienta. Crea una imagen, un texto, un proyecto, con la ayuda de la IA. **Es dando pequeños pasos que construimos grandes cosas.**

Este libro le ha proporcionado ideas, herramientas y ejemplos concretos. Estas son semillas. **Ahora depende de ti plantarlos, nutrirlos y hacer surgir un futuro diferente.**

La Ia Como Aliada, No Como Amenaza

La inteligencia artificial no está aquí para robarte tu trabajo, sino para **liberarte de lo superfluo, amplificar tus talentos y revelar tu creatividad.** Ella es una palanca, un acelerador, una socia.

Aquellos que aprendan a utilizarlo se convertirán en los arquitectos del mundo del mañana.

Última palabra:

el poder de crear, innovar y transformar tu vida con IA en tus manos . Así que no esperes más. Empieza hoy. Haz una prueba. Aprender. Construir.

El futuro pertenece a quienes construyen con IA, no a quienes la ven pasar.